LA VÉRITÉ

SUR

LA RÉCONCILIATION

(5 août 1873)

LA VÉRITÉ

sur

LA RÉCONCILIATION

(5 août 1873)

AVANT-PROPOS

Dans l'étude que nous avons publiée sur *la Légitimité*, nous avons posé et discuté la question de *principe*. Dans la critique qui nous est adressée, on nous oppose uniquement le *fait* de la *réconciliation* du 5 août 1873; sur ce nouveau terrain la discussion devient plus facile.

Nous avons dit, dans notre brochure (1), que : « Cette visite, faite par le comte de Paris au comte de Chambord, n'était qu'une démarche cérémonielle dont les meneurs de l'Orléanisme prétendaient s'autoriser plus tard, comme ils n'ont pas manqué de le faire. » Nous ne saurions trop remercier notre contradicteur de vouloir bien nous fournir l'occasion d'en faire la preuve.

HILAIRE DE CURZON.

Poitiers, 5 novembre 1910.

(1) *De La Légitimité*, page 13.

LA RÉCONCILIATION

La réconciliation a-t-elle été sincère des deux côtés? C'est ce que nous aurons à examiner ; dans tous les cas elle ne pouvait rien changer au principe national de l'hérédité monarchique. De ce que des cousins brouillés depuis 40 ans se réconcilient, en quoi la situation de leurs héritiers par rapport à eux en serait-elle modifiée? Lors des négociations du traité d'Utrecht, Louis XIV avait loyalement déclaré au gouvernement anglais que la renonciation demandée « serait nulle et invalide suivant les lois fondamentales du royaume, selon lesquelles le prince qui est le plus proche de la couronne en est l'héritier naturel ».

Le comte de Chambord ne pensait pas autrement. En 1849, une restauration monarchique paraissant possible, à la condition de fusionner les deux partis monarchiques, les Orléanistes imaginèrent que la meilleure solution serait que le Roi abdiquât en faveur du comte de Paris, ou du moins l'adoptât. Quand le Roi eut connaissance de ce projet il s'écria : « Mais ils ne savent donc pas que je n'ai pas le droit de me choisir un successeur ! Il existe en

France une loi d'hérédité, on devra l'appliquer après ma mort. »

Plus tard, dans un manifeste du 25 octobre 1852, il affirmait que « la monarchie traditionnelle appuyée sur le droit héréditaire, et consacrée par le temps, pouvait seule sauver la France ». L'année suivante, le 25 juin 1853, il écrivait au duc de Lévis : « Mon devoir est de conserver loyalement à mon pays et de transmettre intact à mes successeurs le principe de l'hérédité royale et traditionnelle, seule base de la Monarchie à laquelle la France voudra confier de nouveau ses destinées. »

Or, ce principe de l'hérédité, tant de fois proclamé par le comte de Chambord, est celui inscrit à l'article 1er du chapitre II dans la constitution de 1791 : « La Royauté est indivisible et déléguée héréditairement à la race régnante de mâle en mâle *par ordre de primogéniture.* »

Le comte de Chambord l'avait si bien compris que, dans la note adressée au comte de Paris avant l'entrevue du 5 août 1873 (1), il était dit : qu'on « exigerait des princes d'Orléans de *reprendre leur rang* dans la famille ». La preuve que le comte de Paris se rendait très bien compte de l'importance de cette déclaration, nous la trouvons dans ce passage d'une lettre adressée, au lendemain de l'entrevue, par le comte B. d'Harcourt au vicomte d'Haussonville : « J'ai écrit une longue lettre à Decazes et le comte de Paris a en-

(1) J. du Bourg, *Entrevue des Princes*

voyé un rapport à son frère. Fais-toi montrer ces lettres : l'une apportée par M. de Vanssay, au nom du comte de Chambord, contenant les mots : *reprendre son rang dans la famille* ; l'autre envoyée par le comte de Paris ne contenant plus ces mots, mais une affirmation des droits de la France, de choisir son gouvernement (1). »

La suppression, de la part du comte de Paris, des mots « reprendre son rang dans la famille » montre bien qu'il comprenait que ces simples mots tranchaient la question d'hérédité.

Dans les instructions qui furent adressées, à l'occasion de cette entrevue, par l'ordre du Roi, à ses représentants, nous lisons : « Rien n'est changé aux instructions, aux déclarations, ni aux manifestes de M. le comte de Chambord... L'on doit avoir une confiance absolue dans la fermeté du Roi, partout et toujours, *surtout lorsqu'il s'agit de son principe...* Il ne faut pas accepter de discussion sur les points dont il n'a pas été parlé (2). »

Or, par les points dont il n'a pas été parlé, il faut entendre : la question de succession et celle du drapeau, que le roi a toujours réservées.

La réconciliation ne pouvait donc en rien modifier la situation réciproque des deux branches. Dans toute famille il se trouve des aînés et des cadets. Or, dans la famille royale des Bourbons, les d'Orléans étant les

(1) *Les deux fusions*, Robinet de Cléry.
(2) Le comte E. de Monti de Rézé à M. Emm. de Curzon (26 août 1873.

cadets, leurs droits au trône sont primés par leurs aînés, et le Roi, en demandant aux princes d'Orléans de prendre « *leur rang dans la famille royale* », n'avait pas l'intention, pas plus qu'il ne se reconnaissait le droit, de leur en donner un autre. Sous Louis XVIII, les princes d'Orléans n'étaient même pas considérés comme faisant partie de la famille royale ; ils n'étaient qualifiés, comme branche collatérale, que du titre d' « *Altesses Sérénissimes* ». Ce fut ce bon roi Charles X qui leur accorda le titre d' « *Altesses royales* », sans que ce titre changeât rien à leur rang héréditaire éventuel. Ils l'en récompensèrent en le chassant de son trône et en l'envoyant mourir en exil !

La réconciliation était-elle sincère ? Du côté du comte de Chambord le doute n'est pas possible, étant données la droiture et la loyauté de son caractère. « Tout ce qui s'est fait le 5 août, écrivait-il au vicomte de Rodez Bénévent, a été bien fait dans l'unique but de rendre à la France son rang et dans les plus chers intérêts de sa prospérité et de sa grandeur. »

Du côté du comte de Paris, cette démarche n'avait pour unique but, nous l'avons déjà dit, que de lui donner des chances de se faire accepter, en cas de décès du Roi, pour son successeur ou, tout au moins, de créer une équivoque au sujet de la question d'hérédité.

Sans doute, depuis cette époque, le comte de Paris s'est abstenu, du vivant du comte de Chambord, de faire acte de prétendant, mais il n'en a pas moins continué à accepter la complicité de tous les actes d'opposition à la restauration de la monarchie légitime.

Nous pouvons en donner des preuves nombreuses et indéniables.

« Tout tourne au *profit de notre Prince* », écrivait à un de ses amis le duc Decazes à la date du 7 août, c'est-à-dire au lendemain de l'entrevue ; et dès cette époque la prorogation des pouvoirs du Maréchal était déjà décidée par les chefs du parti (1). Nous en trouvons une nouvelle preuve dans cette lettre confidentielle adressée par le comte d'Arnim, ambassadeur d'Allemagne à Paris, à l'empereur Guillaume : « Une intrigue orléaniste s'ourdit pour faire échouer la fusion et écarter le comte de Chambord. »

La consécration de la constitution républicaine dont nous jouissons est encore, à n'en pas douter, l'œuvre du comte de Paris et celle de ses amis : « Si j'ai conseillé à mes amis de voter la constitution de 1875, toute faite d'éléments monarchiques, je pensais qu'à l'essai le pays viendrait à s'apercevoir qu'il y manquait un rouage essentiel : le Roi, et qu'il y suppléerait de lui-même. » Or, ce roi de la République, il pensait bien que ce serait lui. Cet aveu qu'il fit à M. des Houx est confirmé par M. Giraudeau dans son ouvrage sur l'Empire. « Le comte de Paris, dit cet auteur, chargea alors un député, disparu depuis de la scène politique, de créer un mouvement libéral républicain. Ce travail dura un peu plus d'un an. On n'a peut-être jamais su, dans le parti républicain, quel

(1) *Les deux fusions*, Robinet de Cléry.

coup d'épaule le Prince avait donné à l'établissement de la constitution du 25 février 1875 (1). »

M. Gaudin de Villaine, ancien député, est non moins affirmatif : « En 1792 comme en 1875, écrivait-il à Drumont, ce sont les d'Orléans, et *eux seuls*, qui firent la République. Or, en France, qui veut le *mot* veut la *chose* !... En 1875 (ce n'est pas M. Bocher et ses amis bien informés qui me contrediront), l'ordre formel du comte de Paris, fut de voter les lois constitutionnelles (2). »

La constitution républicaine de 1875 est si bien son œuvre et celle de ses amis, qu'il suffit pour s'en convaincre de lire les noms des membres qui l'ont votée (à une voix de majorité) et d'y rencontrer ceux de M. Bocher, son représentant officiel à Paris, et du comte d'Haussonville, qui le remplaça dans cette charge. « Vous l'emportez et j'en suis enchanté, disait le prince de Joinville à M. Léon Say au moment de la proclamation du vote ; ma position personnelle me forçait de voter contre, mais je suis ravi d'être battu (3). »

(1) *Journal de la Vienne*, mars 1886.
(2) Lettre à Drumont, *La Libre Parole*, 7 octobre 1892.
(3) G. Hanoteau, *La France contemporaine*, t. III.

LE DRAPEAU

L'incident du drapeau est encore une preuve manifeste des manœuvres déloyales des d'Orléans. Cette question n'a été soulevée par eux que dans le but très évident de rendre toute entente impossible. C'était la réédition de la condition déjà posée lors des pourparlers de réconciliation tentés en 1853 et repoussés par le comte de Paris. Le duc de Nemours en fait lui-même l'aveu dans sa lettre du 25 janvier 1857 : « Nous demandions comme condition : le maintien du drapeau tricolore qui, aujourd'hui, est aux yeux de la France le symbole du nouvel état de société et le résumé des principes consacrés depuis 1789. »

En tant qu'étendards militaires, le drapeau tricolore et le drapeau blanc se valent réciproquement ; tous les deux ont guidé nos armées en face de l'ennemi ; tous les deux ont été arrosés du sang de nos soldats ; tous les deux ont été glorifiés par nos victoires ou ont été la consolation de nos défaites, toujours également glorieuses.

Mais, en tant que symboles politiques, l'un représentait les vrais principes catholiques et monarchiques, tandis que l'autre, selon la propre expression du duc de Nemours, était le symbole des fameux principes de 89, c'est-à-dire le symbole de ces faux dogmes que les catholiques ne sauraient accepter, et au nom desquels on a renversé notre constitution traditionnelle chrétienne Et c'est bien parce qu'on voulait imposer au Roi le drapeau tricolore avec cette signification qu'il le repoussa.

« L'histoire aura peine à comprendre, a justement dit Mgr Freppel, que par de misérables susceptibilités, et pour n'avoir pas voulu laisser au comte de Chambord le temps de résoudre une question de drapeau, une fois arrivé au trône, on ait joué le sort de la France sur des *équivoques* et des malentendus (1). »

A son retour de Frohsdorf, M. Chesnelong rendit loyalement, mais très nettement, compte au comité chargé des négociations de la réserve expresse faite par le comte de Chambord sur la question du drapeau. Et il s'est trouvé des hommes qui, sous le prétexte que cette réserve compromettrait le succès, ont non pas seulement supprimé la réserve, mais l'ont remplacée par une rédaction amphibologique et menteuse qui se terminait intentionnellement par ces mots : « *Le drapeau tricolore est maintenu.* »

« *Nous le tenons*, avait alors télégraphié M. de Cumont à son ami M. de Falloux à Angers » (2).

Ces manœuvres déloyales n'étaient un mystère pour personne : « Hélas ! disait Mgr Chigi, nonce à Paris, l'union espérée et même déclarée n'est qu'un leurre,

(1) *La Révolution française.*
(2) *Pourquoi le comte de Chambord n'a pas régné.* Albert de Badts de Cugnac.

ne reposant que sur l'équivoque et le mensonge. Il est bien à croire que le comte de Chambord voit le piège qu'on lui tend et qu'il va briser les liens dont on veut l'enlacer (1). »

En effet, très au courant de tout ce qui se tramait contre lui, le Roi se dégagea par sa fameuse lettre du 27 octobre : « L'opinion publique, emportée par un courant que je déplore, a prétendu que je consentais à devenir le Roi légitime de la Révolution... On me demande aujourd'hui le sacrifice de mon honneur. Que puis-je répondre, sinon que je ne rétracte rien, que je ne retranche rien de mes précédentes déclarations ! Puisque les malentendus s'accumulent, cherchant à rendre obscure ma politique à ciel ouvert, je dois toute la vérité à mon pays. »

Il écrivait le 26 juillet 1879 au marquis de Foresta : « Je me réserve de faire, quand il me plaira, une lumière totale sur les événements de 1873 et de montrer au pays qui attendait un Roi... comment les *intrigues* de la politique avaient résolu de lui donner un maire du palais ... »

Mais tout n'a pas encore été dit sur cette *intrigue*. Cette lumière totale que le Roi nous promettait et qu'il n'a pas trouvé l'occasion de faire de son vivant, la mort ne l'a pas éteinte, elle n'est qu'ajournée.

Nous en avons la certitude par les affirmations du R. P. Bôle son confesseur : « Non, l'histoire ne sera pas faussée, mais elle resplendira brillante de clarté...

(1) L'abbé Lagarde, *Vie de Mgr Dupanloup*.

Scripta manent, heureusement, et nous en avons assez pour faire connaitre clair comme le jour la pensée intime de Monseigneur sur les faits et gestes des 40 dernières années de sa vie. Ses jugements écrits sur les hommes et leurs actes nous les *possédons tous*, tous, entendez-vous. Là, et là seulement se trouve la vérité, la grande vérité que connaitront enfin dans toute sa plénitude les générations futures (1). »

En déjouant par sa noble et ferme conduite ce complot dont, presque seul en France, il a compris les conséquences, le comte de Chambord a sauvé les vrais principes catholiques et monarchiques qui restent encore la seule chance de la restauration de l'ordre social. L'Impératrice Eugénie, au courant de toutes ces compromissions, écrivait, le 18 octobre 1853 : « Mgr le comte de Chambord n'est plus, s'il accepte, que l'héritier du roi Louis-Philippe ; une Chambre va l'appeler, une autre le renversera. Le grand principe qu'il représentait et qui le plaçait en dehors des caprices et des passions n'est plus rien... Nous savons où *mènent les concessions.* » Et quand elle connut le refus du roi elle écrivit : « Que dites-vous de la lettre de Mgr le comte de Chambord ? Je savais bien qu'il ne pouvait abandonner ni son principe ni son drapeau. Sa lettre est bien belle (2). »

Le comte de Chambord, en affirmant envers et contre tous les véritables principes sociaux les a réelle-

(1) Lettre à M. J. du Bourg.
(2) *Journal de la Vienne*, 5 septembre 1890.

ment conservés en empêchant l'esprit révolutionnaire, presque universellement répandu, de les étouffer et de les prescrire ; s'il ne lui a pas été donné de voir le triomphe de ces principes, il aura, du moins, dans l'histoire l'honneur d'avoir préparé ce terrain et de l'avoir rendu possible. A tel point que les esprits les plus prévenus sont amenés à reconnaître, dès maintenant, qu'il n'y a plus de salut possible en dehors de ces *principes*, et la meilleure preuve que nous puissions en donner est que ceux-là mêmes qui ont repoussé le Roi en 1873, à cause de ces *principes* dont il se proclamait et le *représentant* et le *défenseur*, s'efforcent de les invoquer aujourd'hui pour les *exploiter à leur profit*.

LES OBSÈQUES DU ROI

La non-sincérité du comte de Paris nous la trouvons encore dans ce fait que, depuis cette unique visite qu'il fit le 5 août 1873 à son cousin, il ne revint plus jamais à Frohsdorf, si ce n'est dix ans plus tard, croyant bien prendre la couronne sur la tête du roi mourant. Cette nouvelle intrigue ne réussit pas mieux que les précédentes.

Si les princes d'Orléans étaient aussi sûrs qu'ils le prétendaient d'être les héritiers *légitimes, incontestables* du comte de Chambord, pourquoi, le matin des obsèques, avoir fait présenter, par M. de Bellomaire, aux princes de Bourbon, devenus en fait et en droit les aînés de la Maison royale de France, des actes de renonciation en forme, écrits sur papier timbré, demandant à chacun d'eux personnellement de les signer? Ce à quoi ils se refusèrent avec un mouvement de dédain.

Pourquoi ceux qui, longtemps avant la mort du Roi, avaient comploté cet escamotage de la couronne demandèrent-ils que dans le cortège funèbre la première place fût donnée au comte de Paris?

Cette prétention ayant été formellement repoussée par les princes de Bourbon, les princes d'Orléans se retirèrent sans vouloir assister aux obsèques du *Chef* de leur famille et provoquèrent des manifestations qu'on a le droit de qualifier de scandaleuses.

Frohsdorf, en effet, n'était ni la capitale du royaume

ni le siège du gouvernement : ce n'était qu'une pro-
priété privée, le domicile du Roi exilé, et personne,
les princes d'Orléans moins que d'autres, n'avait
le droit de venir troubler son dernier repos ni la
douleur de la famille. Ceux qui ont, par des manifestations indécentes, violé ce foyer, sacré à tant de
titres, ont encouru la réprobation de la conscience
publique.

Dans un article bassement adulateur pour les princes d'Orléans, M. Lavedan, considérant la mort du
comte de Chambord comme un bienfait de la Providence, s'écriait : « Quoi ! le prince impérial et le
comte de Chambord seraient descendus dans la tombe,
et tous ces événements mystérieux, toutes ces com-
binaisons saisissantes, n'aboutiraient à rien ? Non !
Non ! Quand la Providence efface, a-t-on dit, c'est
pour écrire. Nous pouvons ajouter : Quand elle dé-
blaie ainsi le terrain, c'est pour bâtir (1). »

Eh bien ! Vingt-trois années se sont déjà écoulées
depuis que, selon l'expression impertinente et sacri-
lége de ce publiciste, la Providence a déblayé le
terrain sous les pas des princes d'Orléans. Quel
profit ont-ils tiré de ce déblaiement ? Ils ont eu le
champ libre. Le comte de Chambord qui, prétendaient-
ils, était le seul obstacle à la restauration monarchique, est mort. Les héritiers légitimes, confiants dans
leurs droits, ne les ont pas fait valoir pour ne pas
« ajouter aux difficultés de la situation présente » ;

_____

(1) *Figaro*, juin 1884.

et malgré le concours des circonstances les plus favo-
rables et l'appoint de ceux des anciens partis qui sont
venus grossir leur rang, non seulement ils n'ont pu
s'emparer du pouvoir après la mort si désirée du Roi,
mais ils s'épuisent dans leur propre impuissance.
Aussi voyons-nous le découragement s'emparer des
meilleurs esprits. Il n'y a rien à faire, entendons-nous
dire de tout côté. « En effet, il n'y a rien à faire, rien à
attendre des hommes, mais il y a tout à attendre de
Dieu et du *principe d'hérédité*. C'est de là, et de là
seulement, que peut nous venir le salut. L'opinion
publique s'est égarée, faute de savoir la vérité. On a
tout fait pour la lui dissimuler : on s'est ingénié à fer-
mer toutes les issues par où elle pouvait passer. Mais
elle perce à la fin : et il suffit qu'elle se montre pour
qu'on la suive, car chacun sent que C'EST LA VÉRITÉ
QUI NOUS DÉLIVRERA (1). »

(1) Emmanuel de Curzon, *le Prince Prédestiné*.

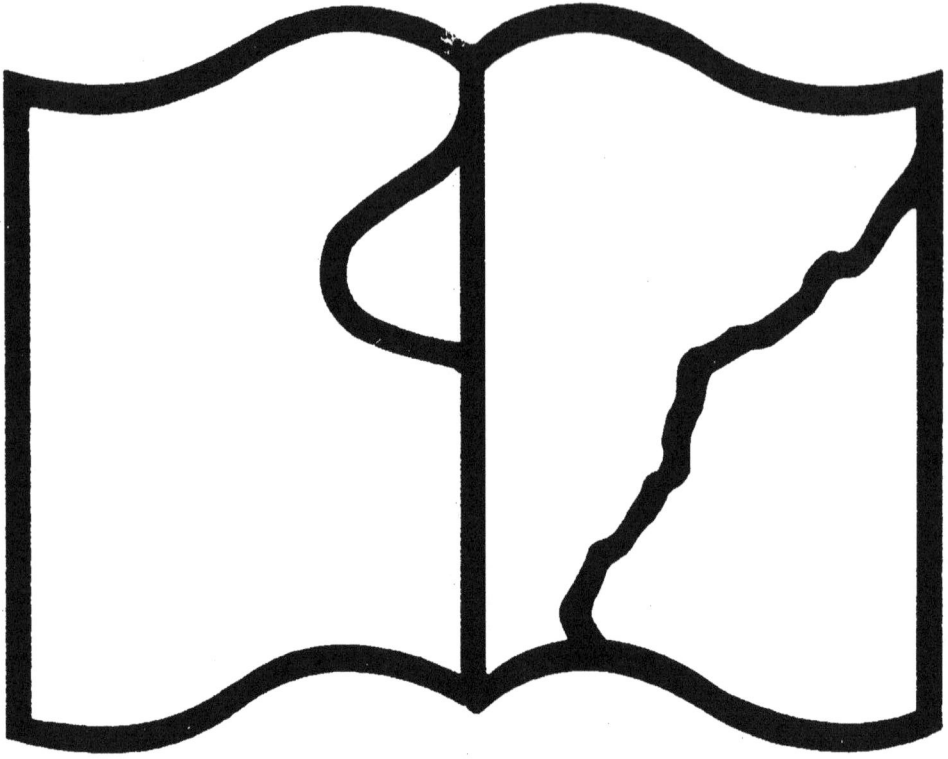

Texte détérioré — reliure défectueuse

NF Z 43-120-11

Reliure serrée

www.ingramcontent.com/pod-product-compliance
Lightning Source LLC
Chambersburg PA
CBHW061802040426

42447CB00011B/2428